despertemos!

Outras obras do autor pela Bertrand Brasil:

O mundo moderno e a questão judaica
Filhos do céu [coautoria com Michel Casse]
Cultura e barbárie europeias
Meu caminho
Rumo ao abismo?
Edwige, a inseparável
O caminho da esperança [coautoria com Stephane Hessel]
Meus demônios
A religação dos saberes
Amor, poesia, sabedoria
Minha Paris, minha memória
Como viver em tempos de crise?
A via
Conhecimento, ignorância, mistério
É hora de mudarmos de via: lições do coronavírus
Ciência com consciência
Lições de um século de vida
A cabeça bem-feita
Despertemos!

EDGAR MORIN
despertemos!

um chamado para o
despertar das consciências

TRADUÇÃO DE
IVONE BENEDETTI

1ª edição

Rio de Janeiro | 2023

CIP-BRASIL. CATALOGAÇÃO NA PUBLICAÇÃO
SINDICATO NACIONAL DOS EDITORES DE LIVROS, RJ

M85d Morin, Edgar, 1921-
      Despertemos! / Edgar Morin ; tradução Ivone Benedetti.
      - 1. ed. - Rio de Janeiro : Bertrand Brasil, 2023.

      Tradução de: Réveillons-nous!
      ISBN 978-65-5838-166-2

      1. Morin, Edgar, 1921- - Visão política e social. 2. Ciências sociais
   - Filosofia. 3. França - História - Aspectos sociais. I. Benedetti, Ivone.
   II. Título.

22-81524   CDD: 944
                            CDU: 94(44)

Meri Gleice Rodrigues de Souza - Bibliotecária - CRB-7/6439

Copyright © Éditions Denoël, 2022

Título original: Reveillons-nous!

Texto revisado segundo o novo Acordo Ortográfico da Língua Portuguesa.

Todos os direitos reservados.
Não é permitida a reprodução total ou parcial desta obra, por quaisquer meios, sem a prévia autorização por escrito da Editora.

Direitos exclusivos de publicação em língua portuguesa somente para o Brasil adquiridos pela:
EDITORA BERTRAND BRASIL LTDA.
Rua Argentina, 171 — 3º andar — São Cristóvão
20921-380 — Rio de Janeiro — RJ
Tel.: (21) 2585-2000,
que se reserva a propriedade literária desta tradução.

Seja um leitor preferencial. Cadastre-se no site www.record.com.br
e receba informações sobre nossos lançamentos e nossas promoções.

Atendimento e venda direta ao leitor:
sac@record.com.br

Sumário

Duas Franças em uma 9
Uma nova era antropológica 31
Crise do pensamento e pensamento
da crise 43
Voltar à nossa Terra 57
Agradecimentos 79
Sobre o autor 80

No sabemos lo que nos pasa
y es precisamente lo que nos pasa.

"Não sabemos o que nos acontece, e é precisamente o que nos acontece", escreve José Ortega y Gasset. Qual é essa ignorância? É uma miopia em relação a tudo que vai além do imediato? Uma percepção imprecisa da realidade? Um sonambulismo generalizado?

O que está acontecendo com a França? Com o mundo?

Vamos tentar despertar nossa consciência.

1

Duas Franças em uma

Desde a Revolução de 1789, duas Franças se sucederam ou coexistiram: a França humanista e a França reacionária. A campanha para a eleição presidencial de 2022 mostra como a segunda hoje tem precedência sobre a primeira. A própria identidade do país tornou-se um problema. Ora, a história nos revela claramente a natureza una e múltipla da identidade francesa.

Francização

A França foi constituída, ao longo de uma história multissecular, por povos heterogêneos cada um com uma língua e uma cultura. Foi assim que, partindo da Île-de-France, os capetianos e seus sucessores expandiram seu reino com Orleans, Normandia, Languedoc, Auvérnia, Delfinado, Alsácia,¹ Lorena, uma parte da Catalunha e do País Basco, Córsega e, no século XIX, Nice e Saboia. Essa francização de povos que se provincianizaram, submetendo-se a um Estado, uma administração, uma língua comum, muitas vezes ocorreu por meio de anexação, violência repressiva e até mesmo guerra (cruzada contra os albigenses que determinou a submissão do Sul ao Norte, dragonadas na Bretanha) ou purificação religiosa (guetização ou expulsão de judeus, guerra civil que subordinou e depois proibiu o protestantismo).

DUAS FRANÇAS EM UMA

Os reinos da Espanha e da Grã-Bretanha, que se formaram e desenvolveram ao mesmo tempo, também anexaram e submeteram diversos povos: castelhanos, cataláes, andaluzes, galegos, no caso da Espanha; normandos, saxões, escoceses e irlandeses, no caso da Grã--Bretanha. A purificação religiosa também assolou todos esses países: na Espanha, com a conversão de muçulmanos e judeus ou sua expulsão em 1492; na Grã-Bretanha, com o ato de supremacia que subordinou católicos a protestantes, depois a repressão feroz do catolicismo irlandês por Cromwell; na França, com a revogação do Edito de Nantes em 1685 e o exílio de trezentos mil protestantes.

Nessas nações, monarquias de direito divino, os indivíduos eram súditos, não cidadãos; sofriam a servidão sem gozar de direitos. Mas, em 1789, a França realizou uma revolução que, ao proclamar os princípios fundadores de uma nação humanista, diferenciou-a de todas as outras.

A nação humanista

Após a tomada da Bastilha em 14 de julho de 1789, que destruiu simbolicamente o poder absoluto, a Declaração dos Direitos do Homem e do Cidadão em 26 de agosto garantiu igualdade de direitos e plena qualidade humana a todas as pessoas, independentemente de sua origem ou status. Em 4 de agosto de 1789, a abolição dos privilégios pôs fim aos poderes e às vantagens da aristocracia. Em 14 de julho de 1790, na festa da Federação, os representantes das províncias vieram dar testemunho de seu apoio à "grande nação". Em 21 de setembro de 1792, a realeza foi abolida e, no dia seguinte, foi proclamada a república. Em 21 de junho de 1793, o prefeito de Paris, Jean-Nicolas Pache, mandou pintar nas paredes do paço municipal a fórmula: "República una e indivisível — Liberdade, Igualdade, Fraternidade ou morte."

Desse modo, a Revolução Francesa proporcionou ao princípio da nação um fundamento humanista e universalista por meio dos direitos humanos e um fundamento democrático por meio da abolição de privilégios e a instauração do sufrágio universal (masculino somente) em 1792.

Essa nação permaneceu humanista apenas por curto período. A guerra travada pelas monarquias contra a Revolução provocou o Terror, e, depois, o Império napoleônico e a Restauração Monárquica restabeleceram a autoridade do trono e do clero.

No entanto, a partir da Revolução, a França se tornou definitivamente uma pátria, ou seja, uma sociedade sentida por seus cidadãos como uma comunhão de destinos, em que cada um pertence a uma imensa quase família. A palavra "pátria" carrega em si um componente mítico-afetivo: começa com um masculino paterno de autoridade indiscutível e termina com um feminino materno portador de amor supremo pela "mãe pátria". A expressão possibilita entender toda a afetividade de um sentimento que amplifica para a dimensão da nação o elo filial para com os pais e o sentimento de pertencimento a uma comunidade. A palavra "pátria" expressa apego inabalável à nação e sacrifício voluntário da própria vida em prol dos "seus".

Uma nação é uma comunhão de destinos em que se exalta o patriotismo quando ela está ameaçada ou em guerra. Em tempos de paz, o senso comunitário se atenua, e a sociedade fica entregue a múltiplos antagonismos e conflitos.

As guerras da Revolução deram vida ao patriotismo, e depois as guerras de 1870 e 1914-1918 o despertaram, excitaram, exaltaram... e degradaram na forma de nacionalismo.

O nacionalismo desumaniza o inimigo em tempos de guerra e sub-humaniza o estrangeiro em tempos de paz. No entanto, como bem viu Jaurès, para quem patriotismo e internacionalismo estão unidos, o patriotismo e o humanismo, que comportam a preocupação com o destino da espécie, são complementares.

Ao longo do século XIX, a Restauração reinstalou por muito tempo a monarquia na França, no âmbito de uma Santa Aliança europeia reacionária. Depois, com exceção da efêmera Segunda República, que adotou o lema "Liberdade, Igualdade, Fraternidade" e aboliu a escravidão, o retorno a uma França humanista foi lento. A Terceira República, proclamada em 4 de setembro de 1870, carregou, durante seus primeiros anos, o pesado legado da repressão à Comuna.

Mas a França humanista recobrou vigor, em especial graças ao estabelecimento, por Jules Ferry, da escola primária, gratuita, laica e obrigatória para meninos e depois para meninas em 1881-1882; em seguida, em 1905, a separação entre Igreja e Estado instaurou a laicidade como princípio nacional, enquanto, em paralelo, transcorria o caso Dreyfus. O capitão, injustamente condenado em 1894 e deportado para a Guiana Francesa, só foi reabilitado em 1906.

As duas Franças

A lei de 1905 e o caso Dreyfus radicalizaram a oposição entre uma França humanista, republicana, dreyfusista, social, e uma França reacionária que preconizava o retorno à monarquia, ao privilégio da Igreja Católica, à expulsão dos judeus — na verdade, ao desaparecimento da França humanista. Charles Maurras é o teórico e polemista dessa França reacionária. Para ele, Dreyfus era culpado por ser judeu, e a República, apelidada de "mendiga", devia ser banida. A França reacionária permaneceu viva e ativa até 1914. Seu nacionalismo antigermânico de desforra exasperou-se nas vésperas do conflito mundial e provocou o assassinato do líder socialista e pacifista Jean Jaurès, no Café du Croissant em Paris, em 31 de julho de 1914, três dias antes da declaração de guerra da Alemanha à França. A Primeira Guerra Mundial, ao unir o grosso da nação numa histeria coletiva e o conjunto dos políticos, inclusive socialistas, na União Sagrada, atenuou a oposição entre as duas Franças na forma de oposição direita/esquerda.

Essa oposição dominou o pós-guerra até o início da década de 1930. Foi então que a crise de Wall Street de 1929 tornou-se mundial e atingiu a França. Essa crise econômica provocou grandes falências, alto desemprego, intensas ansiedades e revoltas. Acarretou a ascensão de Hitler ao poder numa Alemanha que se tornou nazista. Somou à oposição esquerda/direita a oposição comunismo/fascismo.

DESPERTEMOS!

A crise ocasionou o despertar da França reacionária, que passou a ver o fascismo com simpatia, foi anticomunista mais por ódio aos proletários do que por horror ao stalinismo, denunciou o domínio dos judeus sobre a nação, exigiu a rejeição dos "metecos", que eram os imigrantes europeus da época, e tinha como slogan "a França para os franceses".

A França humanista abraçou o comunismo por sua ideologia fraterna, mas ignorando ou ocultando o caráter real da União Soviética. Mostrou-se impotente durante a Guerra Civil Espanhola, onde intervieram abertamente a Itália fascista e a Alemanha nazista, por um lado, a URSS por outro, até a derrota final da Espanha republicana. Aceitou a capitulação de Munique para salvar a paz.

O desastre militar de 1940 possibilitou o triunfo da França reacionária na derrota nacional, com a ascensão do Marechal Pétain ao poder. "Trabalho, Família, Pátria" substituiu "Liberdade, Igualdade, Fraternidade".

DUAS FRANÇAS EM UMA

No entanto, a França humanista ia começar a renascer clandestinamente na Resistência e afirmou-se como tal no programa do Conselho Nacional da Resistência, adotado em 15 de março de 1944, cinco meses antes da Libertação de Paris. A França reacionária desmoronou com a derrota da Alemanha nazista, à qual Vichy se ligara cada vez mais.

Após a Libertação, a direita clássica evoluiu para a aceitação das regras democráticas, ao mesmo tempo que permanecia como porta-voz do capitalismo. Os dispositivos do Estado de bem-estar social garantiram uma composição entre capital e trabalho. Ao mesmo tempo, o comunismo alimentou a confusão e o engodo na França humanista. Sua ideologia fraternalista plenamente humanista camuflou por muito tempo a realidade totalitária da URSS: o comunismo foi uma gigantesca esperança numa gigantesca mentira. A seguir, a ascensão de De Gaulle ao poder em 1958, após o Putsch de Argel, pareceu suspeita para muitos republicanos da época, mas, depois de ter usado os golpistas, de Gaulle tornou-se inimigo deles e os esmagou. Coexistiriam então um gaullismo de esquerda e um gaullismo de direita.

Assim, comunismo e gaullismo embaralharam-se por quase trinta anos, até que a França humanista e a França reacionária se reconstituíssem, simultânea e correlativamente. Esta última de início retornou de forma marginal, vista como "extrema direita", em especial com a Guerra da Argélia e a ascensão da Frente Nacional: definiu-se cada vez mais pela ocultação do multiculturalismo histórico propriamente francês, pelo fechamento identitário, pela rejeição aos imigrantes, pelo antiarabismo que se tornou anti-islamismo em consequência do terrorismo jihadista.

Os atentados, a crise econômica, o colapso do mito do progresso histórico, a incerteza quanto ao presente e, ainda mais, ao futuro, depois a crise múltipla resultante da pandemia, tudo isso gerou fortes angústias. Na ausência de qualquer grande movimento político portador de esperança, essas grandes preocupações favorecem o fechamento identitário, revitalizam racismos que se apresentam como raízes e despertam um suprematismo adormecido, herdado da era colonial.

O triunfo
da França reacionária

A hegemonia dos intelectuais de esquerda desde a Libertação (muitos dos quais, iludidos por URSS, China ou Cuba, tornaram-se seus "ilusionistas") deu lugar à hegemonia de intelectuais de direita que adotam temas identitários. A mídia, passando progressivamente para as mãos de oligarcas reacionários, abriu-se para porta-vozes políticos e intelectuais retrógrados. Os partidos de esquerda, ala política da França humanista, estão desagregados, até mesmo esmigalhados. A bipolarização entre as duas Franças agravou-se, de modo ainda mais radical do que no início da Terceira República, mas desta vez com vantagem da França reacionária.

O tema principal desta passou a ser a imigração, em particular a árabe e a africana, vista como uma invasão que realiza a "grande substituição" dos franceses pelos árabes, a eliminação de uma civilização cristã por um Islã obscurantista.

A direita reacionária encontrou seu teórico-polemista na pessoa de Eric Zemmour, que hoje desempenha o mesmo papel de Charles Maurras no passado. Ele oferece legitimidade histórica à França reacionária, eliminando a Revolução Francesa da história da França e integrando Pétain ao lado de De Gaulle. (Na verdade, durante a Ocupação houve muitos petaino-gaullistas, para os quais o marechal era o escudo de proteção, e o general, o gládio libertador.)

Ao preconizar uma autenticidade francesa, que seria a dos franceses de cepa, ameaçados pela invasão de imigrantes, Zemmour esconde a realidade multiétnica da França e, acima de tudo, assume o pior mito dos nacionalismos modernos: a limpeza étnica. Pois foi de fato a limpeza étnica e religiosa que se tornou a linha mestra da França reacionária, em sua obsessão de eliminar a imigração árabe, africana e muçulmana.

Limpeza étnica e religiosa é uma perversão bem ancorada na história europeia. Além da limpeza religiosa constituída pela expulsão dos judeus da Inglaterra, da França, da Hungria, de regiões da Alemanha, da Espanha e de Portugal durante a Idade Média, a primeira limpeza étnica da história europeia ocorreu no início do século XVII com a expulsão em massa de mouriscos[1] da Espanha. A lim-

---
[1] Ver o notável livro de Rodrigo de Zayas, *Les Morisques et le Racisme d'État*, La Différence, 2017.

peza étnica ou étnico-religiosa caracteriza a colonização quase genocida das Américas e da Austrália. No século XX, levada ao paroxismo pelo nazismo, ela também ressuscitou nas nações nascidas da desintegração de impérios (otomano, austro-húngaro, soviético). Essas novas nações, querendo ter uma única identidade étnico-religiosa, tentaram eliminar as minorias étnicas e/ou religiosas remanescentes em seu interior. Assim, a Turquia exterminou os armênios, expulsou os gregos de Istambul e da Ásia Menor e persegue os curdos; assim, os gregos expulsaram os turcos da Macedônia; assim, a Sérvia e a Croácia procederam ao expurgo étnico das respectivas minorias. Assim, judeus e cristãos árabes ou coptas sofreram discriminações, perseguição ou exílio das nações árabe-islâmicas. Assim, a Índia, a Birmânia e a China oprimem suas minorias muçulmanas.

Imigração:
um "limiar de tolerância"?

A imigração representa um problema de humanidade e hospitalidade: os trabalhadores humanitários transfronteiriços que acolheram imigrantes foram processados pela justiça por sua fraternidade ilegal. A imigração também suscita uma interrogação mais ampla, em torno daquilo que Claude Lévi-Strauss chamou de "limiar de tolerância"[2] a estrangeiros. Lévi-Strauss esclareceu que "o limiar de tolerância não é um conceito de direito, mas uma constatação de fato".

Em termos muito gerais, um sistema vivente ou social pode ou deve integrar em si elementos exteriores que o alimentem ou enriqueçam, mas deve proteger-se dos elementos que possam alterar sua identidade, sua estabilidade, seu

---

2 Claude Lévi-Strauss, *Le Regard éloigné*, Plon, 1983. [Em português: *O olhar distanciado*, Edições 70, Lisboa, 1986, trad. Carmen de Carvalho. — N.T.]

funcionamento. Desse modo, nossos sistemas imunológicos constituem uma polícia refinada e complexa que combate e destrói bacilos e vírus corruptores de nosso organismo. Uma pequena sociedade arcaica que viva comunitariamente de caça, pesca e coleta, apegada a seus ritos e crenças, só pode ser desintegrada pela introdução brutal de um deus estrangeiro, de dinheiro e de álcool. Em suma, a ocidentalização e a sujeição provocaram a desagregação ou a decadência de incontáveis sociedades no mundo. Mas o que dizer de uma sociedade como a França, já multiétnica?

Seu limiar de tolerância seria demográfico? Embora sua metrópole esteja superpovoada, ela comporta vastas regiões subpovoadas e campos desertificados.

Esse limiar seria econômico? Apesar do número atual de 3,5 milhões de desempregados numa população de 67 milhões, o país tem necessidades não só de mão de obra, como também de médicos e engenheiros, e nunca será demais o número de artistas, músicos, pintores e poetas.

Na realidade, esse "limiar de tolerância" é psicológico: é transposto naqueles que não suportam a visão de um açougue halal, que não toleram rostos morenos e veem um bairro de periferia como um microcosmo de toda uma França arabizada e negrificada; naqueles que não conseguem aceitar que os "*bougnoules*" ou os "*youpins*"* são seus iguais. O limiar de tolerância tornou-se limiar de intolerância na França reacionária atual.

Não se trata de deixar as fronteiras abertas, mas regular os fluxos migratórios por meio de um acordo intereuropeu com os países africanos, de pôr fim ao ignóbil comércio dos transportadores clandestinos e de dar socorro aos casos desesperados, com ameaça de afogamento. Trata-se também de substi-

---

* Dois termos injuriosos, o primeiro para designar os negros; o segundo, os judeus. [N.T.]

tuir os campos sórdidos, que lembram os de Récébédou ou de Gurs, onde os refugiados espanhóis e judeus eram despejados, por cidades hospitaleiras para refugiados. Trata-se, em suma, de opor uma política humanista à falta de humanidade tranquila, assumida e às vezes raivosa da França reacionária.

2

Uma nova era antropológica

A França humanista está em crise. Sua crise não é só dos partidos de esquerda em ruínas, não é só a crise da democracia, que grassa por todo o mundo, não é só a crise do Estado hiperburocratizado e parasitado por *lobbies*, não é só a crise de uma sociedade dominada pelo poder onipresente do lucro, não só uma crise de civilização, não só uma crise de humanismo, é também uma crise mais radical e mais ocultada: uma crise do pensamento.

A crise francesa tem suas características específicas, mas é parte de uma crise típica de uma nova era para a humanidade, iniciada em agosto de 1945 com a aniquilação nuclear de Hiroshima e de Nagasaki; a percepção dessa crise escapa ao conhecimento redutor, compartimentado e disjuntivo que detém o controle das mentes.

Povos, dirigentes, especialistas, cientistas e intelectuais não conseguem integrar o individual, local, imediato, nacional, atual em seu contexto, o de uma aventura humana que se transformou há setenta e cinco anos e continua sua transformação em direção a um futuro desconhecido.

A nova era

A partir de 1492 (data do início da conquista das Américas e da circum-navegação em torno do globo) entramos na era planetária: todas as partes do mundo tornam-se progressivamente interdependentes. Até agora, a dominação, a guerra e a destruição foram os principais artífices dessa nova era. Ainda estamos na idade do ferro planetária.

Em julho de 1945, um acontecimento decisivo conferiu caráter absolutamente novo à era planetária: os cientistas atomistas, na vanguarda do progresso científico, criaram a arma capaz de aniquilar a humanidade. Desde as hecatombes de Hiroshima e Nagasaki, a ameaça aumentou e se ampliou: nove nações contam com armas nucleares, entre as quais algumas hostis às outras, e esses países têm um arsenal nuclear de mais de treze mil bombas. Espadas de Dâmocles acima de oito bilhões de cabeças.

A partir daí, o progresso científico revela sua aterrorizante ambiguidade. A ciência mais avançada torna-se produtora de morte para toda e qualquer civilização. A racionalidade científica revela uma face irracional. O progresso do poder humano redunda na impotência humana para dominar seu próprio poder. Mas tudo isso está como que anestesiado num sonambulismo geral de nossa vida do "dia a dia".

Em 1º de outubro de 1972, ocorre uma descoberta de alcance gigantesco para a vida da Terra e da humanidade: a crise ecológica planetária. O relatório do professor Meadows, intitulado *Limites do crescimento*, revela as degradações contínuas que afetam todo o mundo vivo, inclusive humano. Poluição dos rios e oceanos, poluição das cidades, degradação dos solos sob o efeito da agricultura industrializada, deterioração dos alimentos, desmatamento, diminuição incessante da biodiversidade, aquecimento global: tudo isso afeta com gravidade crescente as regulações específicas dos ecossistemas e da biosfera.

Faz meio século que surgiu um perigo ecológico global de múltiplos desastres em massa, sem que os dirigentes e os povos tomem consciência dele. Suas causas não estão apenas nas energias poluentes que predominam em nossa economia, mas sobretudo no delírio técnico-industrial por rendimento e lucro, animado tanto pelo frenesi do capital quanto pela vontade de poder dos Estados. Essas forças poderosas dominam as mentes humanas que deveriam dominá-las.

É mais uma vez o progresso, em sua forma técnico-econômica, que conduz ao desastre. O antropoceno também é tanatoceno.

Transumanismo

Na década de 1980, surgiu o transumanismo, que questiona a natureza humana e a natureza da sociedade para transformá-las. Retoma o mito que a crise ecológica parecia capaz de descartar definitivamente: o do domínio do homem sobre o mundo. O transumanismo conduz a uma metamorfose antropológica em que o humano se tornaria meta-humano, sobre-humano e pós-humano. Com base nas novas possibilidades de intervenção biológica (células-tronco, modificação do DNA e dos telômeros, órgãos artificiais), o transumanismo prevê o prolongamento da vida humana sem senilidade. Mas esse prolongamento não pode ser infinito e tornar-se imortalidade, pois os humanos não poderão erradicar vírus, bactérias, acidentes nem desastres naturais. A morte pode recuar, mas não pode ser derrotada.

E mais: caberá delegar a empresas científicas voltadas para o lucro o direito de criar, por meio de manipulações genéticas, espécimes pós-humanos perigosos? Essas tentativas de aprendizes de feiticeiro poderiam criar monstros.

Outro mito transumanista é o de uma sociedade harmoniosamente regulada pela inteligência artificial, que aboliria qualquer desordem. Mas a abolição da desordem exclui a iniciativa e a criatividade. Ordem impecável é ordem implacável.

O reino da inteligência artificial sobre a sociedade humana seria o de *Matrix*: a grande máquina anônima que governa todos os indivíduos. O perigo não vem dos robôs, mas do risco de que os humanos se tornem robôs.

Toda a filosofia transumanista mascara o verdadeiro problema da humanidade, que não está no aumento quantitativo de seus poderes, mas na melhoria qualitativa das condições de vida e das relações humanas. A questão essencial não é mudar a natureza humana, mas inibir o pior e promover o melhor que há nela. O transumanismo escamoteia a necessidade fundamental de regenerar o humanismo.

Paralelamente, a onda neoliberal propaga-se pelo mundo desde a década de 1980. A integração técnico-econômica mundial, conhecida como globalização, é realizada sob sua égide no final do século XX. O neoliberalismo globalizado nada mais é que a onipotência globalizada do lucro. O planeta está submetido a esse poder que causa desastres ecológicos e à sujeição de populações, provocando múltiplas revoltas, sempre reprimidas.

Fica claro, portanto, que a nova era une indissoluvelmente o destino da Terra, o da Vida e o da Humanidade em todas as áreas. Traz em si, ao mesmo tempo, perigo mortal e perspectiva de metamorfose.

Também fica claro que o principal motor desse devir ameaçador é o frenesi de poder produzido pela trindade ciência-tecnologia-economia, cada vez mais impulsionada pela dominação insaciável do lucro, bem como pela energia implacável dos Estados.

Fica claro que o progresso traz seu quinhão de retrocessos e desastres.

Fica claro que o excesso de poder criou um excesso de impotência.

Fica claro que essas mesmas forças devastadoras produzem retrocesso político e social generalizado no mundo, e que a crise da democracia conduz ao estabelecimento de Estados neoautoritários e/ou dominados por interesses financeiros.

Pandemia:
a crise no coração da humanidade

É nessas condições que surge a pandemia de covid-19, causadora de uma crise sanitária mundial que acarreta a proliferação de crises interdependentes e interagentes que afetam a totalidade da experiência humana, desde a saúde individual, as inter-relações humanas, o trabalho, a vida cotidiana e a vida econômica, social e política das nações, até o conjunto de nosso mundo. Essa crise revela que as interdependências da globalização técnico-econômica não trouxeram solidariedade; põe em xeque problemas de autonomia e dependência das nações. Ao mesmo tempo, coroa a comunhão de destinos da humanidade com o perigo e a ameaça de uma crise coletiva gigantesca, mas sem que essa comunhão de destinos seja consciente. Ao contrário, as ansiedades despertadas pela enorme crise provocam fechamentos identitários e a incriminação de bodes expiatórios. Reinam a inconsciência e o sonambulismo.

Estamos agora no coração da crise, e a crise está no coração da humanidade.

3

Crise do pensamento e pensamento da crise

O que é crise?

Antes de tentarmos conceber a enorme crise que vivemos, precisamos elucidar a própria noção de crise.

Num sistema vivo, assim como numa sociedade, toda crise constitui uma perturbação que afeta em maior ou menor grau a estabilidade desse sistema. Ela provoca a falha das regulações que inibem ou reprimem seus desvios (*feedback* negativo). Se pararem de ser inibidos e se desenvolverem, os desvios tornam-se tendências cada vez mais poderosas que ameaçam cada vez mais profundamente a organização do sistema em crise. Nos sistemas físicos, o desenvolvimento dos desvios constitui um *feedback* positivo que arruína ou desintegra o sistema. Nos sistemas vivos e, especialmente, nos sociais, o desenvolvimento de tendências cada vez mais perniciosas provoca transformações, regressivas ou progressivas, e até mesmo revoluções.

Quando a crise é resolvida pela vitória dos ex-desviantes, estes podem criar um novo sistema ou trazer para o antigo seu próprio dispositivo regulatório, tornando-se eles mesmos normativos e expulsando como desviantes ou dissidentes os ex-senhores ou controladores do sistema decaído.

Desse modo, os desvios desorganizadores de um sistema podem tornar-se organizadores de um sistema transformado. A crise pode resolver-se de forma reacionária, conservadora, reformadora ou revolucionária. Também pode combinar uma síntese de antigo e novo.

A característica das sociedades modernas é de não oferecer estabilidade e fixidez a suas regulações. Nas sociedades em evolução, estas são especialmente inseparáveis do crescimento econômico contínuo. O crescimento constitui a própria regulação das chamadas sociedades modernas em desenvolvimento. Mas sabemos que foi o crescimento técnico-econômico que, para além de um limiar aceitável há muito ultrapassado, provocou a gigantesca crise ecológica da biosfera e da antroposfera — caráter essencial da crise da humanidade.

Inversamente, qualquer interrupção do crescimento — sendo este o regulador das sociedades em desenvolvimento, provoca uma crise que pode atingir extrema gravidade, como foi o caso da crise de 1929, que acarretou o hitlerismo e, em seguida, a guerra.

Assim, hoje, paradoxalmente, teríamos de deter o crescimento para salvar o planeta e sustentar o crescimento para salvar a regulação das sociedades modernas. A maioria dos nossos governantes, incapazes de enfrentar essa contradição, esquece o interesse geral de longo prazo, que é planetário, para concentrar-se em seus interesses particulares imediatos, ligados ao crescimento econômico.

Como veremos, a superação dessa contradição só pode vir de uma política que garanta o decrescimento de tudo o que polui e destrói e o crescimento de tudo o que salvaguarde e regenere.

Crise do pensamento

Essa complexidade, em que crescimento e decrescimento se tornam inseparáveis, é mais invisível na medida em que especialistas, economistas, técnicos, políticos, acadêmicos e intelectuais estão convencidos de que dispõem de meios adequados de conhecimento. Os especialistas invalidam qualquer conhecimento global, considerado superficial. Economistas e técnicos encontram certeza e completude em seus cálculos.

Mais profundamente, a invisibilidade da crise do pensamento decorre da separação e da compartimentação dos conhecimentos, cuja conjunção é considerada impossível, o que torna unilaterais, parciais e partidárias quaisquer considerações sobre a sociedade, a história e as próprias crises. A cegueira diante da crise em curso provém da concepção linear e quase mecanicista do devir, da crença de que o futuro é previsível, do desconhecimento do trabalho subterrâneo em ação abaixo da superfície do presente. Confiando no cálculo, anestesia-se constantemente o imprevisto, que ignora o não calculável de nossa vida e de nossos sentimentos.

Finalmente, qualquer crise nos põe diante da incerteza que caracteriza seu desdobramento, sua progressão, sua regressão, sua solução. Não podemos escapar das incertezas, mas podemos elaborar e pôr em prática estratégias que nos permitam enfrentá-las a partir de conhecimentos ou informações confiáveis, que sejam flexíveis para adaptar-se às vicissitudes. Segundo uma de minhas máximas favoritas, o conhecimento é uma navegação num oceano de incertezas, onde podemos nos reabastecer em ilhas ou arquipélagos de certezas. Mais uma vez, trata-se de pensar simultaneamente a natureza da crise e a estratégia que levará a sua resolução, o que exige solucionar a crise do pensamento.

Toda crise produz, ao mesmo tempo, lucidez e cegueira, busca das causas e das responsabilidades, busca de um culpado para imolar como bode expiatório. Ela desperta imaginação criativa e imaginário reacionário, pilotos salvadores e pilotos naufragosos. O desejo de sair dela manifesta-se de várias maneiras, tanto naqueles que sonham com o retorno de um passado retrospectivamente percebido como normal e tranquilo quanto naqueles que imaginam um futuro de salvação.

Destes, são muitos os que refletem, escrevem, pensam sobre reformas; proliferam propostas e projetos como fogos de artifício, mas, tal como os fogos de artifício, caem de volta dispersos na escuridão. Entre essas propostas, há nosso livro *É hora de mudarmos de via*, escrito em colaboração com Sabah Abouessalam, estimulado justamente pela crise, que sem dúvida repercutiu entre os cidadãos, mas não penetrou de forma alguma entre os políticos.

Os sintomas da crise pandêmica são evidentes: perigos sanitários, restrições à vida cotidiana, dificuldades econômicas, escassez. Mas, mesmo aprendendo as características sociológicas, econômicas e até mesmo psicológicas da crise, não compreendemos em absoluto seu caráter antropológico, específico da virada na aventura humana que vivemos, nem o acúmulo de perigos que ameaçam nosso futuro.

Visto que a crise surge na fase regressiva da evolução deste século, e uma vez que o provável não é certo, nossas esperanças numa saída benéfica são improváveis atualmente.

Se houve quem esperasse que a crise poderia ensejar uma conscientização capaz de conduzir à mudança de via, agora compreendemos que, ao contrário, ela contribui para o retrocesso: as medidas de controle e de vigilância das populações, oficialmente justificadas por razões sanitárias, constituem, ao mesmo tempo, os primeiros arcabouços de uma sociedade de vigilância e submissão.

Ao continuar o retrocesso, esse perigo se tornará universal. Toda e qualquer vida individual hoje pode ser monitorada por drone e satélite, controlada pelo reconhecimento facial, qualquer privacidade pode ser violada por escutas de celulares e pelo hackeamento de nossos dados pessoais. O romance *1984*, de Orwell, tornou-se realidade na China, primeiro modelo concreto de controle totalitário de indivíduos e grupos numa sociedade de submissão. O partido único na China criou e dirige essa sociedade submissa, mas em outros lugares não há necessidade de partido único; só há necessidade de degradação e desagregação dos partidos para que um Estado reacionário possa implantar sem obstáculos uma sociedade de vigilância.

Mutação antropológica

Mais uma vez, o progresso técnico está engendrando, ao mesmo tempo, uma tremenda transformação e um tremendo retrocesso. Apresenta a possibilidade de duas metamorfoses e de um desastre generalizado.

A primeira metamorfose, a do transumanismo, tende a produzir uma super-humanidade dotada de novos poderes sobre si mesma e sobre o mundo, e uma supersociedade em que o transumanismo vê harmonia, mas na qual vemos uma sociedade-máquina.

A segunda metamorfose destinaria o progresso científico, técnico e econômico à melhoria da condição humana e das relações entre os seres humanos, ao advento de uma Terra-Pátria humanista por sua própria natureza. Essa metamorfose começou, mas pode ser obstada por retrocessos, calamidades, transumanismo. É a metamorfose humanista, mundial, mas muito lenta, que, iniciada com a abolição da escravidão e continuada pelas descolonizações, tende a reconhecer a humanidade plena de todas as pessoas, apesar dos racismos e supremacismos abjetos, apesar do sectarismo dentro dos próprios movimentos de emancipação. Ao mesmo tempo, a metamorfose começou na relação homem/mulher desde as Sufragistas do final do século XIX até os grandes movimentos feministas e o #MeToo de hoje, tendendo a uma reforma antropológica capital. Também começou com as inúmeras associações e movimentos de solidariedade que ainda se chocam contra os egoísmos e as compartimentações sociais. Começou com a extensão da cultura para além das castas superiores, e com as grandes obras de Montaigne, Shakespeare, Goethe,

Tolstói, Dostoiévski, que possibilitam olhar de frente a condição humana. Começou nas ciências microfísicas, cosmofísicas, biológicas e humanas, em que o racionalismo estreito do determinismo declina em proveito de uma racionalidade aberta que reconhece as complexidades. Poderia continuar com uma grande reforma da Educação que generalizasse uma reforma do pensamento.

De qualquer forma, a nova era já traz os primórdios incertos e ambíguos de uma revolução antropológica que afetará a condição humana na Terra, em seu vínculo com a morte, a vida, o mundo e nas relações entre os próprios seres humanos.

Assim, a crise da humanidade, que é, simultaneamente, tanatológica (portadora de uma ameaça de morte), ecológica, econômica, civilizacional e histórica, por todas essas razões conjugadas, é uma crise antropológica que incide sobre a natureza e o destino da condição humana.

4

Voltar à nossa Terra

Assim, a nova era manifesta-se tanto por enormes progressos materiais quanto por perigos mortais decorrentes desses progressos. Tal elo é, evidentemente, incompreensível para mentes unilaterais.

Essa nova era é marcada por incertezas em cadeia sobre o presente e o futuro. Estamos forçados a navegar na incerteza, o que significa renúncia a quaisquer concepções lineares da história. A ação de governar é a ação de estar "no leme", a arte de dirigir é arte de dirigir-*se* em condições incertas que se tornaram dramáticas. O primeiro princípio da ecologia da ação nos diz que todo e qualquer ato escapa às intenções do ator para entrar no jogo das retroalimentações do meio ambiente, e o ator pode desencadear o contrário do efeito desejado.

A nova era nos obriga, como escreve Bruno Latour, a "aterrissar", ou seja, a nos centrar em nossa Terra, Terra da Vida e Terra dos Homens, inseparavelmente. Desse modo, somos convidados a nos conscientizar de modo permanente da comunhão de destinos da espécie humana, que é também uma comunhão de perigos.

O planeta está em perigo: a crise afeta a humanidade inteira, provoca rupturas em todos os lugares, fende articulações, reacende guerras, determina fechamentos particularistas; a visão global e o senso de interesse geral são ignorados. Civilizar a Terra, transformar a espécie humana em humanidade torna-se o objetivo fundamental e global de qualquer política que aspire não só ao progresso, mas também à sobrevivência da humanidade.

Grandeza e fraqueza do espírito humano

Tudo o que se desenrola na economia, na política, na ação, na sociedade desenrola-se, fundamental e preliminarmente, na mente humana.[1]

A mente humana superdesenvolveu seus poderes sobre o mundo físico e sobre o mundo vivo, mas subdesenvolveu seus poderes sobre tudo o que é humano.

Acreditamos possuir as receitas do desenvolvimento, enquanto somos possuídos por um mito técnico-econômico.

Nós perseguimos o sonho do domínio, ao passo que, como dizia Michel Serres, agora é

---

1 *Fundação*, admirável livro de ficção científica de Isaac Asimov, ilustra bem o problema. A civilização do futuro conseguiu fundar um império de incontáveis planetas numa confederação por ela controlada. Mas suas mais altas autoridades científicas sabem que está condenada à decadência irreversível, o que ocorre de fato. Mas os cientistas criaram secretamente, num planeta próximo, outra fundação onde não foram desenvolvidos poderes materiais, mas poderes psíquicos. E essa segunda fundação sobreviverá.

preciso dominar o domínio. O progresso material não se limita a esconder as catástrofes, também as prepara.

Podemos anestesiar as dores físicas, fazer adormecer com drogas as dores psíquicas, o que nos tornará dependentes de anestésicos e drogas.

Nunca seremos senhores da tristeza e da morte.

Pascal tinha razão: as grandezas do homem não devem ocultar suas deficiências, suas forças não suprimem suas fraquezas e em si mesmas comportam imensa fraqueza. O poder sem consciência faz de nós uns impotentes. Poder sem consciência não passa de ruína da alma.

Nossa educação incutiu em nós uma forma de pensar incapaz de interligar os conhecimentos para enfrentar as complexidades de nossa vida, nossas sociedades, nossa história, nosso tempo. As mentes são dominadas por concepções unilaterais, portanto parciais. O inesperado, que se faz presente o tempo todo, é rapidamente anestesiado. Somos incapazes de conceber ambivalências, ambiguidades e contradições dos progressos científicos, técnicos e econômicos, que nossa lógica, por conseguinte nossa racionalidade restrita, oculta. O conhecimento por meio do cálculo (estatísticas, pesquisas, taxas de crescimento, PIB), em vez de ser um meio auxiliar, tornou-se preponderante. A inovação técnica — da inteligência artificial às manipulações genéticas — continua sendo vista como solução, quando é também problema. A ciência, oráculo da modernidade, é incerta e está parcialmente parasitada pelo poder do dinheiro. E, quando denunciamos os poderosos das finanças, deveríamos ver que eles mesmos são movidos por um poder anônimo superior: um descomedimento insano tomou posse dos que muito possuem.

Reforma do pensamento

O pensamento hegemônico baseia-se numa concepção de racionalidade limitada à lógica aristotélica, que acredita em sua adequação absoluta à realidade e exclui qualquer contradição como absurda. Obedece ao paradigma que impõe ver o universo como objetos isolados de seu contexto ou como elementos separados entre si.

A reforma do pensamento, portanto, exige uma revolução paradigmática. Trata-se de substituir os princípios que geram pensamentos simplificadores, unilaterais, parciais e obviamente partidários, por princípios que possibilitem reconhecer, distinguir e reunir antagonismos complementares. Uma reforma educacional desejável ensinaria e detalharia essas fontes de erros e ilusões do conhecimento. O separado também é o inseparável, o contínuo também é o descontínuo.

Pois o universo, a vida e o humano não obedecem a um determinismo mecanicista, mas a uma dialética ordem/desordem/organização/desorganização, que comporta acasos e bifurcações, criações e destruições.

VOLTAR À NOSSA TERRA

A situação do homem no mundo modificou-se mais nos últimos 50 anos do que entre o século XVI e o início do XX. O Sol tornou-se uma estrela liliputiana entre bilhões de outras num universo em expansão; a Terra está perdida no cosmos; é um planetinha de vida morna num espaço gelado, onde astros se consomem com uma violência sem precedentes e buracos negros se autodevoram. É somente nesse planetinha que, pelo que sabemos, há vida e pensamento consciente. É a casa comum à vida e à humanidade.

Trata-se de reconhecer nosso vínculo consubstancial com a biosfera e adequar a natureza e a sociedade. Trata-se de abandonar o sonho prometeico de domínio do universo para aspirar ao convívio na Terra.

Ao mesmo tempo, compreendendo a quais necessidades corresponde a ideia de nação, precisamos deixar de opor o universal às pátrias e ligar concentricamente nossas pátrias, familiares, regionais, nacionais, europeias, e integrá-las no universo concreto da pátria terráquea.

As ideias de autonomia e liberdade eram inconcebíveis na antiga representação determinística. Hoje podemos reconhecer de maneira científica a autonomia, mesmo sabendo que ela é sempre dependente de seu ambiente, podemos conceber a auto-organização e a autoprodução e podemos entender que tanto o indivíduo quanto a sociedade humana são máquinas nada triviais, capazes de atos inesperados e criativos.

Deveríamos saber que a história não progride linearmente, mas por desvios que se fortalecem e se tornam tendências, que ela é, ao mesmo tempo, racional e demente, marxiana e shakespeariana.

Deveríamos saber não só que todo progresso obtido é frágil, mas também que o progresso técnico-científico pode ser instrumento de barbáries e conduzir a retrocessos e desastres.

Deveríamos saber que a realidade humana é trinitária: indivíduo-sociedade-espécie;

devemos romper com a concepção sobrenatural, herdada da Bíblia, do homem feito à imagem de Deus, romper com a concepção do cristianismo e do islã, que lhe oferecem a ressurreição, e com a de Descartes, que faz dele "senhor e dono da natureza". Esse mito prometeico animou o curso da história ocidental, agora globalizado e transformado em corrida para o abismo.

O humano é ao mesmo tempo biológico e cultural, pertence à natureza que ele mesmo quer dominar e à vida que ele quer sujeitar.

Deveríamos também saber que tudo o que é humano é bipolarizado segundo noções aparentemente antinômicas: *Homo* é, ao mesmo tempo, *sapiens* e *demens*, *faber* e *mythologicus*, *economicus*, movido pelo interesse, e *ludens*, movido pelo jogo e pela gratuidade. Sua razão pode pôr-se a serviço da loucura, como na guerra e no genocídio, sua técnica pode pôr-se a serviço de suas mitologias, armando cruzadas e jihads, construindo templos para suas religiões e perpetuando o mito da conquista do mundo. O ser humano é um ser instável e versátil, que vive de contradições, capaz do melhor e do pior, precisando, o tempo todo, controlar suas paixões por meio de sua razão e aquecer sua razão por meio de suas paixões.

Então, só então, com o pensamento reformado, poderemos conceber para a França uma política plenamente humanista de salvação pública e, de modo mais amplo, uma nova via para a humanidade.

Uma política plenamente humanista

O Comitê de Salvação Pública foi criado pelo governo revolucionário em 1793 para enfrentar os perigos mortais a que a República estava exposta. Não estamos, de modo algum, pensando em imitar esse precedente que criou o Terror. Hoje precisamos ressuscitar a noção de salvação pública que reúna a boa vontade da França humanista para enfrentar os perigos mortais que se acumulam em torno da França, da Europa, da humanidade.

Os perigos exigem uma nova política que incorpore a ecologia, cuja importância é capital e multidimensional, ou seja, diz respeito a todos os aspectos políticos, sociais, técnicos e científicos.

Uma política energética que substitua o mais depressa possível as energias poluentes (gasolina e carvão) por energia limpa (solar, eólica, maremotriz, geotérmica).

Uma política da água, que despolua rios, córregos e oceanos.

Uma política urbana que purifique o ar das grandes aglomerações, favorecendo áreas de pedestres, transporte público elétrico e bicicleta, e que desenvolva bairros ecológicos de fácil convivialidade.

Uma política agrícola que refreie a agricultura industrializada, que esteriliza os solos, padroniza produtos pouco vitamínicos, insípidos e cheios de pesticidas, e a pecuária industrializada, que concentra em condições abjetas milhões de galinhas, porcos e bois. Essa política favoreceria o retorno da agricultura de pequenos produtores e o progresso da agroecologia. Reativaria a vida das pequenas cidades e aldeias, restabelecendo bistrôs, mercearias, correios, dispensários.

Uma política econômica que garanta a redução contínua da onipotência do lucro por meio da redistribuição de recursos graças ao progresso da economia social e solidária, da agricultura sadia, da alimentação local e saudável, do consumo livre da tirania da publicidade.

Uma política de produção que favoreça o crescimento dos produtos úteis e necessários para as pessoas, bem como a autonomia vital da nação e o declínio das produções supérfluas ou de valor ilusório.

Uma política de solidariedade que controle o desenvolvimento técnico-econômico e dê sustentação ao envolvimento solidário; que institua um serviço cívico de ajuda a vítimas e deserdados, com casas de solidariedade em todas as regiões.

Uma política educacional que dê novo alento à laicidade e restitua aos professores sua grande missão humanista. Uma política que vise à formação de mentes interrogativas, capazes de problematizar e duvidar, de criticar e autocriticar-se. Uma política que reforme os currículos, incluindo neles os temas que possibilitem entender e enfrentar nossos problemas vitais.

Uma política de reforma do Estado por meio da desburocratização e da destituição de lobbies privados parasitários.

Uma política civilizacional que repare os aspectos negativos cada vez maiores de nossa civilização. Porque o desenvolvimento urbano não trouxe apenas realização individual, liberdade e lazer. Também gerou atomização decorrente da perda de antigas solidariedades e sujeição às coerções organizacionais propriamente modernas. O desenvolvimento capitalista acarretou a mercantilização generalizada, inclusive onde reinavam a dádiva, o serviço gratuito, os bens comuns não monetários, destruindo assim numerosos tecidos de convívio.

Em setores cada vez mais extensos da vida humana, a técnica tem imposto a lógica da máquina artificial, que é mecânica, determinística, especializada, cronometrada (metrô-trabalho-cama). Os guardas-civis foram substituídos por sinais luminosos, porteiros, por interfones, atendentes de guichê por distribuidores de passagens, caixas humanos de bancos, por caixas automáticas, vozes humanas por secretárias eletrônicas.

O desenvolvimento industrial, ao mesmo tempo que proporciona a elevação do nível de vida, provoca o rebaixamento da qualidade de vida.

A política civilizacional visa a reumanizar e a devolver convivialidade à nossa existência. Visa a desenvolver a autonomia individual, a responsabilidade, a liberdade, e a luta contra o egoísmo. Essa política civilizacional humanizaria os governos, humanizaria as técnicas, defenderia e desenvolveria o convívio e a solidariedade. Seria uma política de reconhecimento da plena humanidade do outro.

É uma política totalmente humanista.

Terra!

Nessa perspectiva, será possível imaginar uma política de humanidade que teria como tarefa continuar e desenvolver o processo de hominização no sentido de melhoria das relações entre os seres humanos, melhoria das sociedades humanas e melhoria das relações entre os homens e seu planeta?

Não poderemos eliminar o infortúnio e a morte, mas podemos aspirar ao progresso nas relações entre humanos, indivíduos, grupos, etnias, nações. A renúncia ao melhor dos mundos não é de forma alguma renúncia a um mundo melhor.

Característica do humano é a *unitas multiplex*: unidade genética, cerebral, intelectual, afetiva do *Homo sapiens demens* que expressa suas inúmeras virtualidades por meio da diversidade das culturas. A diversidade humana é o tesouro da unidade humana, que é o tesouro da diversidade humana. Do mesmo modo que é preciso estabelecer comunicação viva e permanente entre passado, presente e futuro, é preciso estabelecer comunicação viva e permanente entre singularidades culturais, étnicas, nacionais e o universo concreto de uma Terra-Pátria de todos.

Salvar o planeta ameaçado pelo nosso desenvolvimento econômico. Regular e controlar o desenvolvimento técnico. Garantir o desenvolvimento humano. Civilizar a Terra. Essas são perspectivas grandiosas capazes de mobilizar energias.

Sabemos que essas propostas, embora tecnicamente realizáveis, são impedidas pelos conflitos virulentos e pelos retrocessos atuais. Sabemos até que a resistência à degradação generalizada da biosfera e da antroposfera mal está esboçada. Constatamos o poder de forças regressivas e a continuação da corrida para o abismo.

No entanto, restam-nos princípios de esperança.

O primeiro é apostar no improvável. Os principais processos conduzem ao retrocesso ou à destruição, mas estes são apenas prováveis. A esperança está no improvável. Tal como muitas vezes ocorre nos momentos dramáticos da história, os grandes acontecimentos salvadores foram inesperados: a vitória de Atenas sobre os persas em 490-480 a.C. e o nascimento da democracia; a sobrevivência da França sob Carlos VII graças à Donzela de Orleans, Joana D'Arc; a resistência de Moscou, que salvou a URSS em dezembro de 1941, e, mais tarde, de Stalingrado, que aniquilou o exército de Paulus em janeiro de 1943; a democratização da Espanha pelo herdeiro de Franco; o colapso do império soviético em 1989 sob o impulso de seu dirigente, Mikhail Gorbachov.

O segundo princípio da esperança baseia-se nas possibilidades e na criatividade da mente humana. As capacidades cerebrais do ser humano estão, em grande parte, inexploradas. Ainda estamos na pré-história da mente humana. Suas possibilidades são imensuráveis, não só para o pior, mas também para o melhor. Sabemos como destruir o planeta, mas também temos a possibilidade de arrumá-lo.

O terceiro princípio de esperança baseia-se na impossibilidade de durar infinitamente qualquer sistema que transforme em máquinas a sociedade e os indivíduos. Qualquer máquina pretensamente perfeita sempre conterá falhas capazes de paralisá-la ou destruí-la. E a ordem mais total e implacável não poderá escapar, cedo ou tarde, do segundo princípio da termodinâmica: desintegração inexorável.

A nova política humanista de salvação pública é o grande projeto que pode despertar as mentes acabrunhadas ou resignadas. Já não é a esperança apocalíptica da luta final. É a esperança corajosa da luta inicial: exige a restauração de uma concepção, de uma visão de mundo, de um saber articulado, uma ética, uma política. Deve inflamar não só a resistência preliminar contra as forças gigantescas da barbárie que se desencadeiam, como também um projeto de salvação terrestre. Aqueles que aceitarem o desafio virão de diversos horizontes, não importa com que rótulos. Serão os regeneradores da esperança.

Agradecimentos

Agradeço à minha companheira e esposa Sabah, que teve a ideia deste chamado para o despertar das consciências, incentivou-me a escrevê-lo e acompanhou este trabalho com suas sugestões pertinentes e sua leitura crítica.

Agradeço a Dorothée Cunéo, que me incentivou, estimulou, encorajou e criticou, desde a ideia deste livro até sua consecução no papel.

Obrigado também à equipe Denoël, sempre presente e ativa.

Sobre o autor

Edgar Morin nasceu em Paris em 1921. Filho de judeus espanhóis, sua adolescência foi marcada pela ascensão do nazismo, pelos processos de Moscou e pela marcha em direção à guerra. Aos vinte, durante a ocupação de Paris pelos nazistas, adere ao Partido Comunista - do qual seria expulso em 1951 por suas posições antistalinistas - e à Resistência Francesa. Após a guerra, entra para o Centre National de la Recherche Scientifique (CNRS), o maior órgão público de pesquisa científica da França e uma das mais importantes instituições de pesquisa do mundo. É autor de inúmeras obras de filosofia e sociologia, como *A cabeça bem-feita*, *Ciência com consciência* e *Conhecimento, ignorância, mistério*, entre outros publicados pela Bertrand Brasil.

Este livro foi composto na tipografia
Adobe Garamond Pro, em corpo 13/17,5, e impresso
em papel off-white no Sistema Digital Instant Duplex
da Divisão Gráfica da Distribuidora Record.